La Administración del Diseño en Compañías de Diseño de Ciudad de México

ARTIUX

Copyright © 2016 Artiux
All rights reserved.
ISBN: 1535580895
ISBN-13: 978-1535580892

Dedicaciones

A mis amadas hijas Alanna y Astrid

Contenido

Agradecimientos v
Introducción.. vii
Descripción del estudio 1
Las entrevistas... 4
   3indesign 5
   Diseño y Publicidad Mexicana 9
   Soluciones de Comunicación... 13
   X Design 17
   Ysunza-Santiago Comunicación Visual 22
Los envíos.. 25
   Carbono Consultores.. 26
   Figura 7 Despacho Creativo 30
   Sol Consultores 34
La llamada telefónica 38
   Dimensión... 39
De los artículos de revista 43
   Design Bureau.. 44
   Jota Erre Diseñadores 48
   TD2.. 52
Conclusiones... 56
Bibliografía 66

Agradecimientos

A Antonio Pérez Iragorri, Director de la revista a! Diseño, por su inmediata autorización para consultar de sus ejemplares toda la información que me fuera útil en este proyecto cuando apenas lo iniciaba. A mí también me agrada tu interés en los negocios de diseño.

A Gerardo Clavel de Kruyff, Alfonso Aguilar Jiménez, Héctor Aguilar, y Zaira Torres Ambríz, Catedráticos de la Facultad de Arte y Diseño de la UNAM, quienes mostraron gran interés y habilidad en revisar este estudio y por ofrecer acotaciones tan valiosas. Gerardo, desde tu apoyo inicial todo este proyecto tomó gran forma y fuerza. Alfonso, tu entusiasmo reflexivo me contagió lo necesario para continuar esta idea a sus más altos límites. Héctor, la asertividad con que apoyaste este esfuerzo me hizo continuar el camino; tú también realizas un trabajo único. Zaira, tu profundo análisis me empujó a mejorar esos detalles que son los aspectos más sobresalientes en un proyecto. El asesoramiento y opiniones de cada uno de ustedes son de verdad excelentes.

A Ricardo Espinosa Trejo, Cofundador de 3inDesign, por compartir la entrevista entre cafés exprés, una charla muy enriquecedora sobre el ser diseñador y un circundante aroma a tabaco. Estoy de acuerdo contigo, el talento es lo que importa.

A Jaqueline Pulido, Director General de Diseño y Publicidad Mexicana, por permitirme entrar a ese mundo tan creativo y colorido, y por su atención para que la entrevista se realizara en el ambiente más propicio, diseñando. Un honor hacerme sentir tu subsecuente en tu gran equipo.

A Mercedes Charles Creel, Directora Editorial de Soluciones de Comunicación, por darme un espacio tan valioso cuando más lo necesitaba. Al ver la pasión con que colaboraste en este estudio, continué buscando esa energía hasta encontrarla por completo.

A Pilar Muñoz, Directora Creativa de X Design, por invitarme con el aliento de seguir insistiendo en hacer lo que me gusta y en lo que quiero alcanzar. Sabes cómo hacer sentir y guiar a las personas.

A Enriqueta Santiago, Cofundadora de Ysunza Santiago Comunicación Visual, quien junto con Carlos Ysunza me mostraron algunos de los procesos que conlleva su gran trabajo a lo largo de la entrevista. Es cierto, el profesionalismo es gran parte del proyecto.

A Roberto Peralta, Director General de Carbono Consultores, por brindarme su muy necesaria retroalimentación y sus valiosos comentarios. Compartir generosamente tu conocimiento y experiencia es lo que siembra el espíritu emprendedor en los negocios.

A Ricardo Betanzos, Director de Figura 7 Despacho Creativo, quien mostró constante y gran interés en los avances de este proyecto. Tienes razón, la atención, paciencia y ganas de colaborar te hace sobresalir.

A Enrique Saavedra, Owner de Sol Consultores, por leer repetidamente la entrevista, tener la iniciativa de colaborar con algunas recomendaciones sobre el planteamiento de algunas preguntas, y por ofrecer conceptos tan valiosos. Sí, seguiré insistiendo intensamente en el reconocimiento de nuestra profesión.

A Mariana Moreno, Diseñadora Junior de Dimensión, quien a pesar de que tuvieran la agenda tan justa y apoyando a su oficina, me dio el tiempo necesario para completar la entrevista manteniendo el auricular en horas de trabajo. Me agradan las oficinas en pro de la profesión.

A Carlos González Nacif, Director General de Design Bureau. A Jorge Reyes Villalobos, Director General de Jota Erre Diseñadores. Y a Rafael Treviño, Director General de TD2. Quienes me expresaron estar de acuerdo con la autorización del señor Iragorri en obtener la información del estudio de los ejemplares de la revista a! Diseño, en los que están entrevistados.

A mis dos hijas por su amor, apoyo y comprensión, durante la realización de éste proyecto, que representa el inicio del reto profesional de mi carrera.

Gracias a todos ustedes por sacar tiempo de sus apretados horarios. Quiero que sepan que dejaron una huella muy valiosa en estas páginas. Se los agradezco de verdad.

El éxito en los negocios no llega por sí solo, se alcanza al reunir su combinación precisa y calcular su dosis para seguir expandiéndolo

Introducción

El presente estudio persigue los siguientes objetivos, conocer cómo este tipo de empresas proyectan la administración para el éxito de su negocio, cómo interviene el uso del brief en un proyecto, y cómo determinan si el proyecto fue exitoso, en lo que refiere a describir apropiadamente el proceso de administración de proyectos de diseño, y por otro lado, comprobar cómo estas tres partes del proceso mencionado están directamente articuladas al desarrollo conjunto de las tres principales disciplinas que provocan lograr el éxito en los negocios, esto es, a la administración, la mercadotecnia y el diseño, que se engloban como el proceso general de negocios de una empresa.

El estudio se realizó al tipo de empresas que mejor pueden proporcionar una mayor contribución a los objetivos que se busca dar a conocer, las empresas de diseño. Describiendo un proyecto entre una empresa experta en realizar proyectos de diseño y un cliente corporativo. Empresas que se mostraron entusiastas en colaborar en este estudio y tenían poco de interactuar con su cliente. El estudio está basado en proyectos de diseño que fueron realizados a diferentes firmas de distintos ámbitos de negocios cada uno.

Desempeño donde se pretende:

Para el proceso de administración de proyectos de diseño:

En la proyección de su administración: Observar cómo definen sus objetivos, lo que determina el perfil de la compañía, refleja su fuerza estructural y muestra su proyección al mercado. (Donde se destaca el planteamiento de su administración y se refleja su mercadotecnia y diseño).

En el uso del brief: Notar cómo es de suma importancia, respecto al estudio de mercado y a la proyección de la empresa, la descripción de los requerimientos de diseño que son llevados a generar el producto o servicio adecuado. (Donde se destaca la propuesta de su diseño y se refleja su administración y mercadotecnia).

En el éxito del proyecto: Entender en qué se basan para determinar si el resultado del proyecto fue exitoso para el despacho, su cliente y el mercado, lo que demostraría su eficacia. (Donde se destaca el enfoque de su mercadotecnia y se refleja su administración y diseño).

Para el éxito del proyecto general de negocios: Mostrar cómo actúan en conjunto, lo que por observación parecen ser, las tres principales disciplinas del proyecto general de negocios, las cuales pueden ofrecer cómo dirigir correctamente una compañía para que tenga la fuerte estructura que se necesita para permanecer en los negocios, desarrollar las habilidades de comercialización para ser aceptado en mayor medida por el mercado objetivo y lograr las cualidades de comunicación con el efecto esperado que elige el consumidor.

Si tienes un sueño muévete para alcanzarlo,
cimiéntalo con lo que fluye a él y edifícalo tan grande
como mejor cumpla su objetivo

Descripción del estudio

El estudio aquí presentado, es una entrevista sobre caso de negocios en retrospectiva, se realizó a una muestra compuesta por doce compañías de diseño de Ciudad de México. Cinco de ellas fueron consultadas directamente en sus oficinas, tres de ellas indirectamente vía e-mail, tres obteniendo la información pertinente de artículos de revista especializada, y una por conversación de llamada telefónica como las fuentes idóneas para reunir la información.

El estudio está basado en 25 preguntas semiestructuradas que se incluyen en tres secciones, cada una con un propósito:

Primero, conocer la información general de la empresa para saber en qué fundamenta su éxito y su proyección a futuro. Que evidencian aspectos principalmente de su proceso de administración.

Segundo, analizar el proceso de administración de diseño en torno a un proyecto específico y conocer su desarrollo mediante el brief. Que evidencian aspectos principalmente de su proceso de diseño.

Tercero, hacer una evaluación a la movilidad de la empresa, a la participación del cliente y al resultado del proyecto. Que evidencian aspectos principalmente de su proceso de mercadotecnia.

Estas son las preguntas:

ARTIUX

Información y perfil de la empresa

«¿Cuál es el nombre del despacho?»
«¿Cuál es la filosofía del despacho?»
«¿Cuál es su misión?»
«¿Cuál es su visión?»
«¿Cuál es su edad?»
«¿Cuál es su número de personal?»

Para conocer los objetivos que lo proyectan en la industria, el perfil que lo ubica en el mercado y las habilidades directivas dirigidas al proyecto.

Redacción de los requerimientos del proyecto de diseño

«¿Cuál es el nombre del proyecto de estudio?»
«¿Cuál fue el objetivo del proyecto?»
«¿Cuál fue el método empleado para conseguir el proyecto?»
«¿Cuál es el concepto del proyecto?»
«¿Cuál fue el factor que originó el proyecto?»
«¿Quién elaboró los requerimientos del proyecto?»
«¿Quién sugirió el concepto general?»
«¿Quién definió el concepto final?»
«¿Hubo apoyo externo en la realización del proyecto?»
«¿Cuántas reuniones periódicas se hicieron?»
«¿Cuánto tiempo duró el proceso de diseño?»

Para mostrar los requisitos y proyección de mercado, el desarrollo de requerimientos del proyecto y las cualidades del producto.

Evaluación del proyecto

«¿Se consideró el briefing como estrategia en los negocios de diseño?»

«¿Promover la profesión del diseño fue propicio para mantener una ventaja diferencial?»

«¿Qué actividad destacaron para obtener una mayor visibilidad, presencia y difusión en la industria del diseño para este proyecto?»

«¿Se enfatizó la filosofía del despacho para la explicación del concepto del proyecto?»

«¿Los gerentes dieron la debida importancia al brief?»

«¿La empresa consideró al diseño como una ventaja diferencial?»

«¿El cliente valoró las ventajas que los servicios profesionales de diseño aportan a su empresa?»

«¿Fue exitoso el resultado del proyecto?»

Para valorar las efectos que trae ventajas a la empresa, evaluar la realización del proyecto de diseño y conocer su resultado en el mercado.

Este estudio está estructurado en base al proceso de administración de proyectos de diseño de (Bruce et al., 1999).

En general, este estudio plantea documentar el valor que ofrece un adecuado proceso de administración de proyectos de diseño, la importancia del uso del brief, y su relación con las principales disciplinas para el éxito de una empresa.

No importa cuántas veces lo intentas ni cuántas te niegan, sino el momento en que te levantas y se los afirmas

Las entrevistas

«Creo que los empresarios deben valorar más el trabajo de diseño y sus ventajas que sin duda generan crecimiento a sus empresas»

Ricardo Espinoza

3indesign

Ciudad de México, Colonia San Pedro de los Pinos, Sanborns café. Entrevista con Ricardo Espinoza. Caso de estudio «Portafolio Enrique Covarrubias».

Información y perfil de la empresa

«¿Cuál es el nombre del despacho?»
«3indesign».
«¿Cuál es la filosofía del despacho?»
«En 3indesign pensamos que hacer bien nuestro trabajo es aportar el máximo esfuerzo y calidad a cada proyecto en el que participamos, reflejado en la forma de hacer funcionar los negocios sin perder de vista el objetivo del cliente».
«¿Cuál es su misión?»
«Somos una agencia especializada en diseño web que ofrece soluciones de herramientas multimedia y medios interactivos mediante la premisa de servir siempre bien al cliente llevando a cabo nuestras pequeñas metas trazadas».
«¿Cuál es su visión?»
«Ser una de las mejores agencias de diseño web en México participando en el mercado con estándares de calidad mundial».
«¿Cuál es su edad?»
«Iniciamos en 2000».

«¿Cuál es su número de personal?»
«Somos cuatro integrantes en el despacho y tenemos a 4 elementos externos».

Redacción de los requerimientos del proyecto de diseño

«¿Cuál es el nombre del proyecto de estudio?»
«Portafolio Enrique Covarrubias».
«¿Cuál fue el objetivo del proyecto?»
«La proyección de portafolio a nivel internacional».
«¿Cuál fue el método empleado para conseguir el proyecto?»
«Por recomendación de un cliente y posteriormente el estar de acuerdo con nuestra calidad de trabajo».
«¿Cuál es el concepto del proyecto?»
«Diseño de sitio web».
«¿Cuál fue el factor que originó el proyecto?»
«Tener presencia internacional para lograr más trabajos fuera de México».
«¿Quién elaboró los requerimientos del proyecto?»
«Ambos. El cliente ofreció sus requerimientos y nosotros ayudamos a darles orientación tratando de cubrir racionalmente los objetivos esenciales, es importante escuchar a los clientes».
«¿Quién sugirió el concepto general?»
«El cliente, solicitó un diseño de amplitud e impacto para que así lo percibiera todo el mundo».
«¿Quién definió el concepto final?»
«Ambos. Nosotros presentamos las propuestas, la decisión quedó a cargo del cliente y la solución final la hicimos nosotros».
«¿Hubo apoyo externo en la realización del proyecto?»
«Sí, del programador».
«¿Cuántas reuniones periódicas se hicieron?»
«Alrededor de ocho reuniones más el constante contacto por vía e-mail o en su caso el Messenger que es más rápido».
«¿Cuánto tiempo duró el proceso de diseño?»
«Aproximadamente cuatro meses desde la conceptualización del proyecto».

Evaluación del proyecto

«¿Se consideró el briefing como estrategia en los negocios de diseño?»

«Sí, específicamente para mantener una relación de retroalimentación que fue muy necesaria para realizar objetivamente el proyecto».

«¿Promover la profesión del diseño fue propicio para mantener una ventaja diferencial?»

«Sí, por un lado los concursos de diseño fueron un gran incentivo para nosotros, a pesar de las normas de los jurados, que nos hacen más competitivos. Nos gusta mucho medirnos pues la competencia nos hace crecer y eso nos impulsa a mantener ventajas sobre nuestros competidores, por otro lado, hacia el mercado y para elegirnos en este proyecto».

«¿Qué actividad destacaron para obtener una mayor visibilidad, presencia y difusión en la industria del diseño para este proyecto?»

«El sitio web, cuidar mucho la relación con el cliente, mantener el contacto con la cadena de gente que te recomienda y algunas revistas especializadas».

«¿Se enfatizó la filosofía del despacho para la explicación del concepto del proyecto?»

«Sí, siempre, desde el comienzo del proyecto. Fotógrafos, arquitectos y empresas grandes cuidaron mucho la calidad en todos los aspectos, una cualidad de 3indesign, es la principal razón por la que nos contrataron».

«¿Los gerentes dieron la debida importancia al brief?»

«Hasta cierto punto sí. Desde que se plantearon los objetivos principales, estos se siguieron y el cliente se acopló, después, el cliente pudo llegar a agregar algunos, pero no los cambió».

«¿La empresa consideró al diseño como una ventaja diferencial?»

«Sí. Cuando nuestro cliente nos pidió calidad en el proyecto fue por que buscaba obtener grandes ventajas del diseño web, en un ambiente tan competido como internet, especialmente para interactivos les hacemos hincapié de sus ventajas».

«¿El cliente valoró las ventajas que los servicios profesionales de diseño aportan a su empresa?»

«Sí, muy bien. La relación con Enrique se dio en 2001 y seguimos trabajando con él, es de mucho trabajar y sí, valoró lo que hicimos. En general los clientes que tenemos también las valoran. Ya hacia el mercado, creo que los empresarios deben valorar más el trabajo de diseño y sus ventajas que sin duda generan crecimiento a sus empresas».

«¿Fue exitoso el resultado del proyecto?»

«Para nosotros mucho, para el cliente que ha conseguido contratos en Alemania, Inglaterra, España y la revista Maxim a raíz de la creación de su sitio, parece que también, aunque nos ha expresado no estar convencido del éxito internacional que esperaba». (Espinosa, 2008)

«Siempre es un gusto trabajar con buenos clientes, cuando las cosas funcionan bien y ellos están contentos existe un in & out»

Jaqueline Pulido

Diseño y Publicidad Mexicana

Ciudad de México, Colonia Chapultepec Morales, oficinas de Diseño y Publicidad Mexicana. Entrevista con Jaqueline Pulido. Caso de estudio «Servilletas Pétalo Fiestas Patrias».

Información y perfil de la empresa

«¿Cuál es el nombre del despacho?»
«Diseño y Publicidad Mexicana».
«¿Cuál es la filosofía del despacho?»
«En Diseño y Publicidad Mexicana la forma en que trabajamos es mucho más que ofrecer a nuestros clientes mensajes de gran impacto; es con diseño y calidad a tiempo».
«¿Cuál es su misión?»
«Nuestros principios abarcan el servir siempre bien al cliente en lo que hacemos, como lo hacemos y el verdadero valor que esto representa».
«¿Cuál es su visión?»
«Estar en el lugar que merecemos, conservando la claridad sobre quiénes somos y por nuestro portafolio, ya que el diseño es primero que otra cosa».
«¿Cuál es su edad?»
«Iniciamos en septiembre de 2002».

«¿Cuál es su número de personal?»
«Siete integrantes. El crecimiento del despacho ha sido maravilloso en los años que llevamos trabajando, preferimos llevar una buena administración que un alto crecimiento».

Redacción de los requerimientos del proyecto de diseño

«¿Cuál es el nombre del proyecto de estudio?»
«Servilletas Pétalo Fiestas Patrias».
«¿Cuál fue el objetivo del proyecto?»
«Mantener la preferencia del mercado objetivo de la marca Pétalo de Kimberly-Clark de México para las fiestas patrias».
«¿Cuál fue el método empleado para conseguir el proyecto?»
«Por contacto del cliente con quien ya hemos trabajado en varios proyectos».
«¿Cuál es el concepto del proyecto?»
«Diseño para empaque de polietileno de 500 servilletas».
«¿Cuál fue el factor que originó el proyecto?»
«La búsqueda de una mejor propuesta de diseño».
«¿Quién elaboró los requerimientos del proyecto?»
«En un principio Kimberly. Es un cliente constante, existe tanto contacto en cada proceso de diseño como en proyectos continuos y nos hemos acoplado bien, conocemos las posibles alternativas de solución a los requerimientos de la empresa. Sólo para proyectos nuevos realizamos una junta previa».
«¿Quién sugirió el concepto general?»
«Respetando el parámetro del personaje, nosotros sugerimos los bocetos, ellos eligieron de nuestras 10 propuestas de diseño, que conjugaban motivos entre talavera, chiles, juguetes dulces, etc.».
«¿Quién definió el concepto final?»
«El cliente. Normalmente es así con Kimberly, nosotros diseñamos y ellos eligen».
«¿Hubo apoyo externo en la realización del proyecto?»
«No, el tipo de soluciones que desarrollamos como equipo siempre lo mantenemos dentro de nuestros parámetros y capacidad».

«¿Cuántas reuniones periódicas se hicieron?»

«Cuatro reuniones. Siempre tenemos mucho movimiento en el despacho, a veces vienen a la oficina los gerentes encargados del proyecto, también yo voy, y esta vez no fue la excepción. Estuvimos aquí para las reuniones y también en sus oficinas».

«¿Cuánto tiempo duró el proceso de diseño?»

«Siete días, el desempeño en el proyecto fue dándose evolutivamente, trabajando rápido y con calidad, con propuestas bien centradas en lo que piden los clientes y siempre entregando a tiempo».

Evaluación del proyecto

«¿Se consideró el briefing como estrategia en los negocios de diseño?»

«Sí, aunque en este proyecto no hubo, dado el conocimiento de las características del proyecto anteriormente».

«¿Promover la profesión del diseño fue propicio para mantener una ventaja diferencial?»

«Sí, desde luego, el diseño es lo primero que resaltamos».

«¿Qué actividad destacaron para obtener una mayor visibilidad, presencia y difusión en la industria del diseño para este proyecto?»

«Principalmente la recomendación de nuestros clientes, de los encargados de mercadotecnia que cambian de empresa y con quienes hemos trabajado anteriormente en diferentes proyectos; la página web y la revista *a! Diseño*».

«¿Se enfatizó la filosofía del despacho para la explicación del concepto del proyecto?»

«Sí, por supuesto. Es algo que siempre hacemos y mencionamos».

«¿Los gerentes dieron la debida importancia al brief?»

«Sí, es gente seria, capaz, profesional y responsable; yo trabajé muy a gusto con ellos».

«¿La empresa consideró al diseño como una ventaja diferencial?»

«Sí».

«¿El cliente valoró las ventajas que los servicios profesionales de diseño aportan a su empresa?»

«Sí, precisamente por algo buscaron al diseño como factor de innovación. Siempre es un gusto trabajar con buenos clientes, cuando las cosas funcionan bien y ellos están contentos existe un *in & out*.»

«¿Fue exitoso el resultado del proyecto?»

«El cliente quedó contento. Aunque por el momento todavía no hay una participación de este particular proyecto en el mercado, se esperan buenos resultados, meramente por la temporada de su salida. Para la Familia Pétalo, las pruebas de mercado que captan la aceptación del consumidor excedieron las expectativas. La participación de mercado de la marca creció 1.7 por ciento puntos en 2006 en comparación con 2005, siendo la marca con mejor desempeño en su segmento. Tanto el empaque como las promociones dentro de las tendencias fueron aceptados muy bien por el público objetivo». (Pulido, 2008)

«El diseño ofrece valores agregados muy importantes, ciertamente es un verdadero input saber las ventajas que este les brinda. Tanto las asociaciones de diseño como los despachos de diseño deberían promover más la importancia del diseño, haciendo una conciencia social entre sus agremiados, sus clientes y su personal»

Soluciones de Comunicación

Ciudad de México, Colonia Campestre Tlacopac, oficinas de Soluciones de Comunicación. Entrevista con Mercedes Charles Creel. Caso de estudio «Periódico interno Fuerte y Claro de Mexicana de Aviación».

Información y perfil de la empresa

«¿Cuál es el nombre del despacho?»
«Soluciones de Comunicación».
«¿Cuál es la filosofía del despacho?»
«En Soluciones de Comunicación nos interesa desarrollar con nuestros clientes un vínculo que interprete en forma acertada sus necesidades, para alinear la comunicación con la planeación estratégica de la organización y que se traduzca en resultados eficaces. Como profesionales de la comunicación, trabajamos centrados en el cliente: nuestros servicios y productos serán siempre expresión de sus necesidades. Reforzamos en nuestro equipo de trabajo la vivencia cotidiana de los valores institucionales: compromiso, responsabilidad, calidad, integridad, desarrollo y solidaridad. Gracias a ello, estamos seguros que la atención brindada reflejará constantemente el espíritu que anima nuestra labor. Ofrecemos atención personal por parte de los socios,

enmarcada por una visión integral de los procesos comunicativos, que responda a los objetivos de negocio de nuestros clientes. Con el apoyo de alianzas estratégicas con empresas asociadas, cubrimos prácticamente todas las áreas relacionadas con el quehacer comunicativo».

«¿Cuál es su misión?»

«Somos una empresa mexicana especializada en ofrecer solución a sus necesidades de comunicación organizacional. Brindamos servicios de alta calidad en consultoría, diagnóstico y producción, así como en difusión y administración de comunicación e imagen institucional.»

«¿Cuál es su visión?»

«Ser una empresa líder en nuestro ramo, ofreciendo a nuestros clientes respuestas eficientes, flexibles y oportunas. Ellos forman un mosaico que refleja las múltiples facetas de la sociedad. Esta diversidad representa un reto y una oportunidad de crecimiento constante: debemos entender y responder a muy diferentes necesidades de comunicación. Nos visualizamos como el mejor despacho de soluciones integrales de comunicación en México».

«¿Cuál es su edad?»

«Iniciamos en 1998».

«¿Cuál es su número de personal?»

«Somos doce integrantes aquí dentro de la oficina. En ocasiones trabajamos con seis free lance promedio, dependiendo del proyecto».

Redacción de los requerimientos del proyecto de diseño

«¿Cuál es el nombre del proyecto de estudio?»

«Periódico interno Fuerte y Claro de Mexicana de Aviación».

«¿Cuál fue el objetivo del proyecto?»

«Mantener informado al personal de Mexicana de Aviación resaltando valores institucionales, de integración y objetivos estratégicos utilizando el periódico como un medio ágil de información oportuna».

«¿Cuál fue el método empleado para conseguir el proyecto?»

«Desde el principio por contacto del cliente y así ha sido hasta la última publicación, proyecto en el que llevamos 9 años».

«¿Cuál es el concepto del proyecto?»

«Rediseño de un díptico dirigido al personal; pasamos a una propuesta integral de revista, que posteriormente derivó en un periódico de tamaño tabloide dirigido al personal de la empresa. De 10 páginas y 30 notas promedio».

«¿Cuál fue el factor que originó el proyecto?»

«Mejorar la calidad de la comunicación interna de la empresa, con un medio atractivo, veraz y oportuno. Resultado de la necesidad de los directivos de mantener una comunicación eficiente con los más de 6.500 empleados de la empresa en todo el continente».

«¿Quién elaboró los requerimientos del proyecto?»

«Los requerimientos originales provienen del cliente, nosotros interpretamos sus requerimientos y le dimos nuestra propuesta, la cual maneja las dos partes: editorial y diseño».

«¿Quién sugirió el concepto general?»

«Soluciones de Comunicación».

«¿Quién definió el concepto final?»

«Soluciones de Comunicación y el cliente mediante un proceso de diálogo constante».

«¿Hubo apoyo externo en la realización del proyecto?»

«No».

«¿Cuántas reuniones periódicas se hicieron?»

«Ocho reuniones promedio. A veces todo el proceso se realiza vía mail».

«¿Cuánto tiempo duró el proceso de diseño?»

«Tres semanas de trabajo editorial y diseño 4 días».

Evaluación del proyecto

«¿Se consideró el briefing como estrategia en los negocios de diseño?»

«Sí, fue fundamental».

«¿Promover la profesión del diseño fue propicio para mantener una ventaja diferencial?»

«Ante cualquier crisis lo primero que se corta es la comunicación interna, después la externa, por lo que promover la profesión y la imagen de que el diseño es fundamental, fue imprescindible. Sí mantuvo ventajas».

«¿Qué actividad destacaron para obtener una mayor visibilidad, presencia y difusión en la industria del diseño para este proyecto?»

«Tener página web, avocarse a revistas especializadas de recursos humanos y diseño. También el trabajo de comunicación interna en empresas, que nos recomendaron».

«¿Se enfatizó la filosofía del despacho para la explicación del concepto del proyecto?»

«Sí, estuvo presente en todas las acciones del despacho, es decir, se consideró la honestidad, la calidad, el profesionalismo... como aspectos fundamentales de Soluciones de Comunicación y están presentes en todos nuestros proyectos».

«¿Los gerentes dieron la debida importancia al brief?»

«Sí, todos».

«¿La empresa consideró al diseño como una ventaja diferencial?»

«En la mayoría de los aspectos sí. Dependió del tipo y tamaño de la empresa, del nicho de mercado, etc.».

«¿El cliente valoró las ventajas que los servicios profesionales de diseño aportan a su empresa?»

«Yo creo que a veces sí y a veces no. Dependió del cliente y según su visión de negocios pudo pensar que el diseño es muy importante o que es marginal. El diseño ofrece valores agregados muy importantes, ciertamente es un verdadero input saber las ventajas que este les brinda. Tanto las asociaciones de diseño como los despachos de diseño deberían promover más la importancia del diseño, haciendo una conciencia social entre sus agremiados, sus clientes y su personal».

«¿Fue exitoso el resultado del proyecto?»

«Lo sigue siendo. Se hacen evaluaciones anuales. La gente está contenta, pues considera a Fuerte y Claro como el principal medio de comunicación de Mexicana de Aviación; además se sube en PDF a la web». (Charles Creel, 2008)

«No es fácil, pero no me doy por vencida. Mi clave es que trabajo por gusto, por amor a lo que hago y escojo lo que quiero hacer»

Pilar Muñoz

X Design

Ciudad de México, Colonia Condesa, oficinas de X Design. Entrevista con Pilar Muñoz. Caso de estudio "Informe anual de responsabilidad social. Industria Mexicana de Coca-Cola."

Información y perfil de la empresa

«¿Cuál es el nombre del despacho?»
«X Design».
«¿Cuál es la filosofía del despacho?»
«Nuestra filosofía es que el cliente es nuestro invitado, se tiene que sentir como en casa; atendido y satisfecho desde el inicio hasta concluir el proyecto».
«¿Cuál es su misión?»
«Crear el puente de comunicación entre nuestros clientes y sus audiencias a partir del desarrollo de conceptos creativos y diseño funcional que genere valor. Integrar a nuestros clientes en el proceso de creación de mensajes estratégicos para luego transformarlos en proyectos tangibles y exitosos que den forma a la comunicación y refuercen el posicionamiento de sus marcas».
«¿Cuál es su visión?»
«Ser la empresa líder en la creación de proyectos integrales de comunicación corporativa, cuyo valor esté basado principalmente en la

capacidad de ofrecer soluciones creativas orientadas a resolver las necesidades de un mercado en constante evolución».

«¿Cuál es su edad?»

«En el 2002 abrí mi oficina».

«¿Cuál es su número de personal?»

«Aunque solo éramos tres personas, una asistente administrativa, un diseñador y yo. Ahora somos siete».

Redacción de los requerimientos del proyecto de diseño

«¿Cuál es el nombre del proyecto de estudio?»

«Informe anual de responsabilidad social. Industria Mexicana de Coca-Cola».

«¿Cuál fue el objetivo del proyecto?»

«Diseñar un informe diferente al de años anteriores».

«¿Cuál fue el método empleado para conseguir el proyecto?»

«Por invitación a un concurso de diseño para Coca-Cola».

«¿Cuál es el concepto del proyecto?»

«Diseño de informe interno de Coca-Cola. Que el informe por sí mismo fuera una pieza para recordar, en donde se plasmaran los valores y las acciones de la empresa».

«¿Cuál fue el factor que originó el proyecto?»

«Poder decir que durante 80 años Coca-Cola ha sido parte de México».

«¿Quién elaboró los requerimientos del proyecto?»

«X Design e Industria Mexicana de Coca-Cola. Al revisar con mayor detalle la calidad de información que nos fue proporcionada, propusimos un re-planteamiento del proyecto completo, donde presentamos un nuevo estilo de comunicación cambiando el formato, estilo de redacción y estilo fotográfico para dar lugar al proyecto final».

«¿Quién sugirió el concepto general?»

«Ambos nos planteamos una serie de preguntas sobre el significado y valor de las oportunidades encontradas dentro de las dificultades de la vida».

«¿Quién definió el concepto final?»

«El concepto giró en torno al enfoque global que tiene Coca-Cola de beneficiar y refrescar a todas las personas con quienes se relacionan. Cabe mencionar que presentamos dos propuestas de las cuales el cliente seleccionó una. El informe está planteado de tal forma que, sin importar la secuencia, el lector puede acceder a cualquier página en orden aleatorio, y el informe proporciona un dato, una reseña, un resultado independiente del resto de la información».

«¿Hubo apoyo externo en la realización del proyecto?»

«Solo de Industria Mexicana de Coca-Cola. Para poder contestar las preguntas fue necesario vivirlo, ir a un albergue, a una planta embotelladora, a una sesión de capacitación, a una planta de tratamiento de agua, etcétera, y hacer un registro escrito y fotográfico de ello para después poder transmitirlo. Así logramos una pieza que funciona como un testigo fotográfico con información puntual del gran portafolio de actividades que realiza Coca-Cola en torno a la responsabilidad social».

«¿Cuántas reuniones periódicas se hicieron?»

«Diez aproximadamente.»

«¿Cuánto tiempo duró el proceso de diseño?»

«Cuatro meses».

Evaluación del proyecto

«¿Se consideró el briefing como estrategia en los negocios de diseño?»

«Hoy el diseño corre el riesgo de devaluarse debido a la sobreoferta de despachos y diseñadores independientes, la forma de distinguirnos y dar un valor agregado radicó en el dominio de la integración de todas las herramientas de estudio, evaluación y soporte que cada proyecto en particular requiere».

«¿Promover la profesión del diseño fue propicio para mantener una ventaja diferencial?»

«Sí, siempre dejé claro a mis clientes que no tenía la intención de quitarle proyectos a otros despachos, pero sabía que seguramente ellos tendrían nuevos proyectos a los que podía aspirar. Eso me funcionó muy bien, ahora sabemos que nuestros clientes son la mayor fuente de conocimiento en cada uno de sus sectores, por lo que, en equipo con ellos, hemos logrado crear proyectos exitosos que nos han dado reconocimientos a nivel nacional e internacional».

«¿Qué actividad destacaron para obtener una mayor visibilidad, presencia y difusión en la industria del diseño para este proyecto?»

«Las invitaciones a concursos de diseño, uno de los más importantes fue para Coca-Cola donde el primer año quedé en segundo lugar y al año siguiente gané el concurso y el derecho a diseñar su informe anual de responsabilidad social. De un modo similar conseguimos participar en proyectos para clientes como Nestlé, Danone y Grupo Modelo. No es fácil, pero no me doy por vencida. Mi clave es que trabajo por gusto, por amor a lo que hago y escojo lo que quiero hacer. Muchos despachos se niegan a entrar a concursos y tienen razón pues muchas veces es una práctica desleal y en ocasiones injusta».

«¿Se enfatizó la filosofía del despacho para la explicación del concepto del proyecto?»

«En X Design entendemos que el diseño es la expresión visual de muchas disciplinas juntas, una de ellas es la mercadotecnia. Ambas llevadas de forma adecuada, dan como resultado una comunicación atinada, basada en pensamiento estratégico. Esto le aportó valor a esta creación».

«¿Los gerentes dieron la debida importancia al brief?»

«En cuanto al diseño que recibió premios, mi opinión es que en primer lugar, el proyecto debió cumplir con las expectativas y metas de comunicación planteadas en su inicio y si además el resultado recibió el reconocimiento de un tercero, pues qué mejor».

«¿La empresa consideró al diseño como una ventaja diferencial?»

«Creo que la mejor experiencia para el cliente no estuvo solo en el resultado, sino en todo el proceso de trabajo. Visualizamos cada proyecto con creatividad, innovación y competitividad para superar sus expectativas».

«¿El cliente valoró las ventajas que los servicios profesionales de diseño aportan a su empresa?»

«Tengo cierta cantidad de proyectos al año, y en ocasiones son los mismos clientes que repiten año con año después de una experiencia satisfactoria. Esta práctica generó lealtad y compromiso».

«¿Fue exitoso el resultado del proyecto?»

«Fue un informe muy humano, con cifras, datos e información relevante en cada página, visualmente atractivo, con equilibrio entre texto e imagen; todo esto le valió ser reconocido en los ARC Awards (Annual

Report Competition), premio que se entrega en Nueva York a lo mejor del diseño en informes anuales a nivel mundial con una mención oro por mejor trabajo en diseño interior y mención bronce por mejor fotografía». (Muñoz, 2008)

«Uno mismo como diseñador debe hacerles conscientes dichas ventajas»

Enriqueta Santiago

Ysunza-Santiago Comunicación Visual

Ciudad de México, Colonia Condesa, oficinas de Ysunza Santiago Comunicación Visual. Entrevista con Enriqueta Santiago. Caso de estudio «Catálogo Jafra Oportunidades».

Información y perfil de la empresa

«¿Cuál es el nombre del despacho?»
«Ysunza Santiago Comunicación Visual».
«¿Cuál es la filosofía del despacho?»
«En todos nuestros procesos de creación, ya sea de imágenes, estrategias o conceptos, conjugamos: estética, función, significado, influencia, efecto, acción, fuerza, certeza y poder interactuando propositivamente, redundado en mejores y más eficientes soluciones para nuestros clientes».
«¿Cuál es su misión?»
«Ofrecer a nuestros clientes una solución creativa integral y con un enfoque combinado».
«¿Cuál es su visión?»
«Buscar permanente nuevas propuestas que provean un valor agregado al concepto de comunicación; optimizar los recursos a través del entendimiento profundo de nuestras disciplinas; rebasar la cobertura

que nos da más de 25 años de experiencia profesional, continuar con la constante capacitación y actualización de nuestra gente a través de cursos y diplomados en México y el extranjero y mantener la adquisición de equipos y tecnología de última generación, para asegurarle calidad total».

«¿Cuál es su edad?»
«Iniciamos en 1999».
«¿Cuál es su número de personal?»
«Cuatro integrantes».

Redacción de los requerimientos del proyecto de diseño

«¿Cuál es el nombre del proyecto de estudio?»
«Catálogo Jafra Oportunidades».
«¿Cuál fue el objetivo del proyecto?»
«Venta de productos cosméticos».
«¿Cuál fue el método empleado para conseguir el proyecto?»
«Al principio por una recomendación profesional, posteriormente por la lealtad entre el cliente y el despacho».
«¿Cuál es el concepto del proyecto?»
«Diseño de catálogo».
«¿Cuál fue el factor que originó el proyecto?»
«Llevar los productos de Jafra a una mayor posición e incrementar las ventas».
«¿Quién elaboró los requerimientos del proyecto?»
«El departamento de mercadotecnia dentro de Jafra».
«¿Quién sugirió el concepto general?»
«Ysunza Santiago Comunicación Visual».
«¿Quién definió el concepto final?»
«Ysunza Santiago Comunicación Visual».
«¿Hubo apoyo externo en la realización del proyecto?»
«No».
«¿Cuántas reuniones periódicas se hicieron?»
«Alrededor de siete reuniones».
«¿Cuánto tiempo duró el proceso de diseño?»
«Dos meses desde la conceptualización del proyecto».

Evaluación del proyecto

«¿Se consideró el briefing como estrategia en los negocios de diseño?»

«Sí, dado que fue la guía de todo el proyecto».

«¿Promover la profesión del diseño fue propicio para mantener una ventaja diferencial?»

«Sí, definitivamente. Promoverla fue parte del eslabón de la estrategia de ventas».

«¿Qué actividad destacaron para obtener una mayor visibilidad, presencia y difusión en la industria del diseño para este proyecto?»

«La página web, difusión por vía mail, contratos en espacios de revistas especializadas como la *a! Diseño* y publirreportajes».

«¿Se enfatizó la filosofía del despacho para la explicación del concepto del proyecto?»

«Sí, como una herramienta de ventas».

«¿Los gerentes dieron la debida importancia al brief?»

«Sí, en general siempre lo hacen».

«¿La empresa consideró al diseño como una ventaja diferencial?»

«En algunas cosas, en la mayoría no, falta mucha educación sobre lo que es la disciplina en las empresas».

«¿El cliente valoró las ventajas que los servicios profesionales de diseño aportan a su empresa?»

«Hacerlo de la nada fue difícil. Uno mismo como diseñador debe hacerles conscientes dichas ventajas, más aún en un desarrollo de ventas como el proyecto mencionado».

«¿Fue exitoso el resultado del proyecto?»

«Sí, a un año de haberse implementado la nueva estrategia de diseño, Jafra nos ha encomendado aplicar la misma hacia la totalidad de sus publicaciones preexistentes y al mismo tiempo y por primera vez, integrarla en anuncios en revistas femeninas y espectaculares. Lo anterior debido a los excelentes resultados de los nuevos catálogos, que han generado más del 35% de aumento en ventas directas y una mayor presencia en el mercado». (Santiago, 2008)

Si eliges al diseño porque da presencia, significado y funciones a lo que adquieres, es mucho mejor al invertir en él

Los envíos

«La obligación de una agencia es utilizar esta herramienta y hacer ver a sus clientes la importancia de la misma»

Roberto Peralta

Carbono Consultores

Ciudad de México, procedencia del e-mail: Colonia Hipódromo Condesa, oficinas de Carbono Consultores. Entrevista a Roberto Peralta. Caso de estudio «Campaña fusión LexisNexis y Dofiscal».

Información y perfil de la empresa

«¿Cuál es el nombre del despacho?»
«Carbono Consultores».
«¿Cuál es la filosofía del despacho?»
«Etiquetarnos como un despacho de diseño o como una agencia de publicidad resultaría incompleto. La palabra que mejor define nuestro oficio es consultores».
«¿Cuál es su misión?»
«Nuestra misión es comparable a la de un doctor. A nuestras manos llegan todo tipo de casos: algunos heridos de gravedad, otros que requieren de vitaminas. Desarrollamos proyectos para clientes a quienes proporcionamos siempre un servicio de calidad».
«¿Cuál es su visión?»
«Siempre con la premisa de enfocarnos al cliente y al cuidado de su marca».
«¿Cuál es su edad?»
«Iniciamos en 1997».

«¿Cuál es su número de personal?»
«Somos veinticinco integrantes».

Redacción de los requerimientos del proyecto de diseño

«¿Cuál es el nombre del proyecto de estudio?»
«Campaña fusión LexisNexis y Dofiscal».
«¿Cuál fue el objetivo del proyecto?»
«Posicionar las marcas LexisNexis y Dofiscal como nuevo consorcio de negocios ante su público objetivo».
«¿Cuál fue el método empleado para conseguir el proyecto?»
«Por contacto de LexisNexis con quien ya habíamos trabajado y conocía la calidad de nuestros servicios».
«¿Cuál es el concepto del proyecto?»
«Consultoría para la Campaña Fusión LexisNexis y Dofiscal».
«¿Cuál fue el factor que originó el proyecto?»
«La unión de dos expertos: Dofiscal, líder en el mercado editorial de información especializada por más de veinticinco años y LexisNexis, líder a nivel mundial en soluciones de información fiscal, legal y de negocios en EUA. La editorial Dofiscal contaba con un buen posicionamiento con el público objetivo (contadores) y LexisNexis no; la idea u objetivo era migrar la imagen y posicionamiento de Dofiscal a LexisNexis».
«¿Quién elaboró los requerimientos del proyecto?»
«Los requerimientos del proyecto los elaboró el cliente mediante el llenado de un brief en el que se definieron los objetivos a comunicar y el target. Una vez que la agencia contaba con el brief se realizó una sesión de trabajo (contra brief) para definir el objetivo final».
«¿Quién sugirió el concepto general?»
«El equipo de trabajo de Carbono que participó en esta campaña, encabezado por el director creativo junto con el planner, copywriter creativo, director de arte y diseñadores».
«¿Quién definió el concepto final?»
«Lo definió el director creativo junto con su equipo y el cliente».
«¿Hubo apoyo externo en la realización del proyecto?»
«El proyecto tuvo apoyo de diversos participantes, desde el cliente y su equipo de comunicación, hasta los impresores, quienes aportaron

ideas y opiniones para el proyecto, sin embargo, Carbono llevó a cabo todo el desarrollo conceptual y creativo de consultoría para la campaña».

«¿Cuántas reuniones periódicas se hicieron?»

«Aproximadamente cinco reuniones, empezando con la primera presentación y el resto para definir el concepto».

«¿Cuánto tiempo duró el proceso de diseño?»

«Aproximadamente dos semanas desde el desarrollo de la plataforma creativa hasta su aplicación en un print y medios (revistas especializadas)».

Evaluación del proyecto

«¿Se consideró el briefing como estrategia en los negocios de diseño?»

«Sí. En una década de logros y crecimiento se ha marcado la diferencia entre dar soluciones y hacer pedidos; entre crear y solo diseñar; entre ser consultores y sólo maquiladores. El brief es el punto de partida y la parte medular de un proyecto de comunicación ya que de ahí se definen los objetivos, alcances, equipo que participará, recursos de producción, etcétera. Al no contar con este documento se corre el riesgo de no lograr el objetivo de comunicación deseado».

«¿Promover la profesión del diseño fue propicio para mantener una ventaja diferencial?»

«Sí. La experiencia fue nuestro caso, no solo el precedente acumulado, sino la base sólida de crecer con nuestro cliente, ser uno solo y compartir sus necesidades, proyectos y metas».

«¿Qué actividad destacaron para obtener una mayor visibilidad, presencia y difusión en la industria del diseño para este proyecto?»

«Nos definimos como una agencia de consultoría en branding, marketing y comunicación, pues trabajamos con un especial cuidado en el servicio al cliente, la creatividad y resultados en tiempos establecidos para cada proyecto».

«¿Se enfatizó la filosofía del despacho para la explicación del concepto del proyecto?»

«Sí. Si bien para este proyecto únicamente participó un área de la agencia, seguimos nuestra filosofía branding + marketing +

communication: fortalecer y posicionar el branding para posteriormente desarrollar estrategias de mercadotecnia y comunicación».

«¿Los gerentes dieron la debida importancia al brief?»

«Sí. Es algo fundamental para un proyecto, afortunadamente la gente responsable de este proyecto conoce la importancia del brief. En esta profesión algunos clientes omiten el desarrollar un brief antes de empezar un proyecto de comunicación debido a que cuentan con poco tiempo para el lanzamiento. La obligación de una agencia es utilizar esta herramienta y hacer ver a sus clientes la importancia de la misma».

«¿La empresa consideró al diseño como una ventaja diferencial?»

«Sabemos muy bien que cada cliente, cada marca y cada producto es un caso distinto: todos requieren un tratamiento especializado; por ello, estuvimos seguros de que no se trataba de una fórmula, fue sin lugar a dudas, una cuestión de ideas».

«¿El cliente valoró las ventajas que los servicios profesionales de diseño aportan a su empresa?»

«Sí, por nuestras divisiones especializadas: Carbono Communications: research, branding, marketing; Carbono Interactive: web, marketing, solution; y Carbono Editorial: development, communication, tracking».

«¿Fue exitoso el resultado del proyecto?»

«Sí, se logró el primer objetivo que fue identificar a LexisNexis con Dofiscal y dar paso a la segunda etapa de la campaña, que es presentar su herramienta online con toda la información que los contadores encuentran en los tabletones publicados por Dofiscal». (Peralta, 2008)

«Generalmente las empresas que van dirigidas al consumidor final son las que ponen más cuidado en el diseño y sí lo ven como una ventaja competitiva como en el área de empaque y branding»

Ricardo Betanzos

Figura 7 Despacho Creativo

Ciudad de México, procedencia del e-mail: Colonia Portales, oficinas de Figura 7 Despacho Creativo. Entrevista a Ricardo Betanzos. Caso de estudio «Catálogo de productos para Philips Consumer Electronics».

Información y perfil de la empresa

«¿Cuál es el nombre del despacho?»
«Figura 7 Despacho Creativo».
«¿Cuál es la filosofía del despacho?»
«Ponernos la camiseta de nuestros clientes, es la frase que mejor nos resume. Dedicamos compromiso y entrega en cada proyecto que realizamos pues nos hace sentir orgullosos el que nuestros clientes estén satisfechos al ver el resultado final».
«¿Cuál es su misión?»
«Darles a nuestros clientes el mejor servicio y atención personalizada, entendiendo sus necesidades de comunicación y ofreciéndole soluciones gráficas de acuerdo al mercado al que van dirigidos sus productos o servicios».
«¿Cuál es su visión?»
«Estar dentro de los 10 mejores despachos de diseño gráfico de México y contribuir a mejorar el nivel de diseño gráfico a nivel nacional».

«¿Cuál es su edad?»
«Iniciamos en 2000».
«¿Cuál es su número de personal?»
«Somos ocho integrantes».

    Redacción de los requerimientos del proyecto de diseño

«¿Cuál es el nombre del proyecto de estudio?»
«Catálogo de productos para Philips Consumer Electronics».
«¿Cuál fue el objetivo del proyecto?»
«Dar a conocer al consumidor final la nueva línea de televisiones Flat LCD relacionándola con una imagen cálida, elegante y sensual».
«¿Cuál fue el método empleado para conseguir el proyecto?»
«Ya existía relación de trabajo con el cliente. El contacto inicial se dio a través de la división de Philips Iluminación».
«¿Cuál es el concepto del proyecto?»
«Diseño de catálogo de productos electrónicos».
«¿Cuál fue el factor que originó el proyecto?»
«Ya existía un catálogo para esta nueva línea de productos por parte de Brasil, sin embargo no cubría las expectativas del cliente y ni del mercado mexicano. Se buscó tropicalizar el concepto».
«¿Quién elaboró los requerimientos del proyecto?»
«Los elaboró y explicó el asistente de mercadotecnia».
«¿Quién sugirió el concepto general?»
«Lo sugirió el director de mercadotecnia de la región. Se comunicó de manera escrita por medio de un brief».
«¿Quién definió el concepto final?»
«El concepto final se definió entre el cliente y el diseñador gráfico encargado del proyecto. Asociar al producto con un objeto del deseo por medio de imágenes sensuales y atractivas, pero elegantes y a la vez sofisticadas. La última entrega se hizo en un cd con el archivo final para impresión y un dummy a color de cómo debía quedar la pieza».
«¿Hubo apoyo externo en la realización del proyecto?»
«La foto de la portada se produjo en Brasil, se editó en Chile y la mandaron a México directamente al despacho. La impresión final se hizo a través de un impresor externo».

«¿Cuántas reuniones periódicas se hicieron?»
«Dos en persona y las demás eran vía telefónica o por mail».
«¿Cuánto tiempo duró el proceso de diseño?»
«Un mes aproximadamente».

Evaluación del proyecto

«¿Se consideró el briefing como estrategia en los negocios de diseño?»
«Sí. Se le pidió un brief al cliente. La mayoría de las veces se le pide un brief al cliente, aunque hay muchos que no lo acostumbran».
«¿Promover la profesión del diseño fue propicio para mantener una ventaja diferencial?»
«Aunque si influyó para poder brindar un mejor servicio personalizado, no fue vital ya que la tecnología ahorró mucho tiempo y acortó distancias en el proceso de diseño».
«¿Qué actividad destacaron para obtener una mayor visibilidad, presencia y difusión en la industria del diseño para este proyecto?»
«Realmente no destacamos ninguna actividad en especial, la movilidad en el sector se dio a partir de recomendaciones y contactos».
«¿Se enfatizó la filosofía del despacho para la explicación del concepto del proyecto?»
«La filosofía del despacho la enfatizó nuestro trabajo. La filosofía del diseño muy pocas veces, creo que es algo que se debería hacer más seguido para darle una mejor justificación a lo que uno hace, aunque no todos los clientes ni los proyectos se prestan para eso».
«¿Los gerentes dieron la debida importancia al brief?»
«Se generaron dos brief, el primero no estaba muy definido y se descartó después de armar casi todo el catálogo. Al segundo siempre se le dio seguimiento y se respetó hasta terminar el proyecto».
«¿La empresa consideró al diseño como una ventaja diferencial?»
«En este proyecto sí. Han sido contadas las ocasiones en que el cliente le da ese valor al diseño. Generalmente las empresas que van dirigidas al consumidor final son las que ponen más cuidado en el diseño y sí lo ven como una ventaja competitiva como en el área de empaque y branding».

«¿El cliente valoró las ventajas que los servicios profesionales de diseño aportan a su empresa?»

«Sí. Cuando el cliente notó el resultado final después de una larga etapa de diseño, correcciones, desvelos, etc. y vio su producto enmarcado o reforzado con un buen diseño, se dio cuenta que valió la pena y que todo repercute en la imagen de su marca. Todo esto redunda en una mejor valoración y aceptación de los servicios de diseño en México».

«¿Fue exitoso el resultado del proyecto?»

«El cliente quedó muy contento y recibimos buenas críticas del mismo. Aunque no se podrá valorar hasta que esté en circulación el catálogo y se vea que tanto funcionó y captó la atención del consumidor». (Betanzos, 2008)

«La mayor parte de los gerentes no dan importancia al brief porque no lo manejan en términos de identidad, branding o diseño gráfico. Asimismo, no comprenden los beneficios, riesgos, ventajas y desventajas del diseño o de los diversos factores y consecuencias que involucra»

Enrique Saavedra

Sol Consultores

Ciudad de México, procedencia del e-mail: Colonia Guadalupe inn, oficinas de Sol Consultores. Entrevista a Enrique Saavedra. Caso de estudio «Vodka Karat».

Información y perfil de la empresa

«¿Cuál es el nombre del despacho?»
«Sol Consultores».
«¿Cuál es la filosofía del despacho?»
«En Sol Consultores buscamos relaciones a largo plazo apoyando a nuestros clientes a crear valor para sus marcas más allá de los beneficios funcionales de sus productos y servicios. Creemos en los consumidores y en los factores funcionales, emocionales, preceptúales y experimentales que influyen en nuestras decisiones de selección y lealtad de marca».
«¿Cuál es su misión?»
«Proveer soluciones de marca y diseño con un enfoque de servicio, altamente creativo y de negocios».
«¿Cuál es su visión?»
«Ser el principal despacho de estrategia e identidad de marca en México».
«¿Cuál es su edad?»
«Iniciamos en 2002».

«¿Cuál es su número de personal?»
«Somos veinticinco integrantes».

Redacción de los requerimientos del proyecto de diseño

«¿Cuál es el nombre del proyecto de estudio?»
«Vodka Karat».
«¿Cuál fue el objetivo del proyecto?»
«Incrementar la participación y preferencia de la marca Karat ante su público objetivo».
«¿Cuál fue el método empleado para conseguir el proyecto?»
«Referencias de un colega y clientes anteriores».
«¿Cuál es el concepto del proyecto?»
«Identidad de marca de producto y diseño de botella».
«¿Cuál fue el factor que originó el proyecto?»
«Disminución de ventas. Resultados de estudios de mercado que arrojaron una percepción negativa y confusa hacia la marca».
«¿Quién elaboró los requerimientos del proyecto?»
«Sol Consultores y empresa contratista».
«¿Quién sugirió el concepto general?»
«Sol Consultores».
«¿Quién definió el concepto final?»
«Una mezcla entre la agencia de investigación, el despacho, el cliente y los consumidores evaluados».
«¿Hubo apoyo externo en la realización del proyecto?»
«El proyecto tuvo diversos participantes, desde el cliente y sus variados equipos de ingeniería y marca. La agencia de investigación, hasta los diversos impresores, ilustrador, fotógrafo y fabricantes de la botella tuvieron que ver en opiniones e ideas para el proyecto, sin embargo, Sol Consultores llevó a cabo el desarrollo conceptual, creativo y de producción de la marca».
«¿Cuántas reuniones periódicas se hicieron?»
«Aproximadamente diez: planeación, presentación de conceptos, evaluación, investigación, producción de botella, producción de tapa, impresión de etiqueta, lanzamiento, entre otras».
«¿Cuánto tiempo duró el proceso de diseño?»
«Un año desde la conceptualización hasta el lanzamiento».

Evaluación del proyecto

«¿Se consideró el briefing como estrategia en los negocios de diseño?»

«La elaboración del brief y la definición del problema a resolver fueron los elementos clave del proyecto de diseño».

«¿Promover la profesión del diseño fue propicio para mantener una ventaja diferencial?»

«No existen medios importantes dirigidos hacia los clientes potenciales que permitan a la industria del diseño promoverse, difundirse y valorarse. Sin embargo se debió de buscar el medio para dar a conocer la marca de Sol Consultores al cliente».

«¿Qué actividad destacaron para obtener una mayor visibilidad, presencia y difusión en la industria del diseño para este proyecto?»

«Idealmente destacaron las revistas de negocios, sin embargo estas no ponen atención a la industria del diseño o no la consideran suficientemente relevante. Fue necesario utilizar diversos medios para difundir la diferenciación y valor de Sol Consultores. En nuestro caso sobresalieron revistas, promocionales, conferencias, cursos, postales, internet y mercadotecnia directa».

«¿Se enfatizó la filosofía del despacho para la explicación del concepto del proyecto?»

«Es importante definir la filosofía. Sea la filosofía del despacho de diseño, o la filosofía de la empresa/cliente, o bien, el concepto como base para justificar una solución. En nuestro caso sí lo hicimos, y son, los valores y principios bajo los cuales operamos o buscamos establecer: transparencia, honestidad, respeto, trabajo en equipo, ganar-ganar, equidad, perseverancia, servicio, crecimiento personal, crecimiento profesional, otros».

«¿Los gerentes dieron la debida importancia al brief?»

«La mayor parte de los gerentes no dan importancia al brief porque no lo manejan en términos de identidad, branding o *diseño gráfico*. Asimismo, no comprenden los beneficios, riesgos, ventajas y desventajas del diseño o de los diversos factores y consecuencias que involucra. En el caso de Vodka Karat, el brief fue determinante para acotar los objetivos y limitaciones técnicas del proyecto».

«¿La empresa consideró al diseño como una ventaja diferencial?»

«El diseño tiene muchas funciones y su valor cambia según las circunstancias y la categoría del producto, empresa o servicio. En algunos casos el valor del diseño puede ser fundamental como en el de un perfume y prácticamente nulo como en un costal de harina. En el caso de un vodka, donde la diferenciación del producto es baja, el papel del diseño y la botella fueron claves para generar valor afectivo».

«¿El cliente valoró las ventajas que los servicios profesionales de diseño aportan a su empresa?»

«Los clientes valoran al diseño de una manera distinta y en función de diversos factores. En mi opinión valoran poco al diseño y a los diseñadores comparado con otras profesiones o industrias como médicos, abogados, arquitectos... En este proyecto valoraron a mayor y menor grado al diseño como medio de comunicación, como elemento estético y como elemento de ventas».

«¿Fue exitoso el resultado del proyecto?»

«En términos de satisfacción del cliente, La Madrileña decidió continuar trabajando con Sol Consultores adjudicándole más proyectos, Vodka Karat aumentó sus ventas en un 25% el primer año, el producto ahora se percibe como de mayor calidad y es aceptado por los consumidores con orgullo (a pesar de su bajo precio)». (Saavedra, 2008)

El diseño es un secreto a la vista de todos. Si no optas por él, es porque no has descubierto sus dones ni cómo aplicarlos

La llamada telefónica

«Tenemos una gran experiencia para satisfacer a nuestros clientes con las necesidades de diseño que requiera según nuestras áreas de desempeño»

Mariana Moreno

Dimensión

Ciudad de México, recepción de la llamada Colonia Valle Escondido, oficinas de Dimensión. Entrevista a Mariana Moreno. Caso de estudio «Catálogo Socios Platinum a Hoteles Fiesta Rewards».

Información y perfil de la empresa

«¿Cuál es el nombre del despacho?»
«Dimensión».
«¿Cuál es la filosofía del despacho?»
«Como agencia estratégica de comunicación gráfica, corporativa y mercadotecnia nos hemos inspirado en la palabra dimensión (del lat. Dimensión, Onís), que significa: importancia o trascendencia de algo; como sinónimo de facetas, vertientes de compromiso, corazón, creatividad, estrategia, éxito, futuro, percepción, resultados, servicio y valor, nos hacen apasionados, comprometidos y profesionales con nuestro trabajo; que disfrutamos enormemente y lo hacemos muy bien».
«¿Cuál es su misión?»
«En dimensión tenemos una gran experiencia para satisfacer a nuestros clientes con las necesidades de diseño que requiera según nuestras áreas de desempeño: comunicación corporativa, creatividad estratégica, discurso y copy, diseño de material pop, diseño editorial, identidad, ilustración, mercadotecnia y retail branding».

«¿Cuál es su visión?»
«Orgullosamente podemos decir que hemos crecido a un paso que a nosotros mismos nos sorprende. Queremos llegar siempre con nuestro trabajo a buscar el reconocimiento, mérito que haga que el despacho pronto vaya creciendo a lo largo del tiempo, así como lo hemos estado haciendo».
«¿Cuál es su edad?»
«10 años. Iniciamos en 1997».
«¿Cuál es su número de personal?»
-Dato no precisado-.

Redacción de los requerimientos del proyecto de diseño

«¿Cuál es el nombre del proyecto de estudio?»
« Catálogo Socios Platinum a Hoteles Fiesta Rewards».
«¿Cuál fue el objetivo del proyecto?»
«Renovar la imagen y los catálogos que utilizan los Hoteles Fiesta para la promoción en sus servicios Platimun dirigida su blanco de mercado, puesto que su diseño, después de tiempo, necesitaba mejor aceptación».
«¿Cuál fue el método empleado para conseguir el proyecto?»
«Por lealtad cliente-despacho, pues ya hemos trabajado juntos en otros proyectos».
«¿Cuál es el concepto del proyecto?»
«Rediseño de imagen y catálogos para Socios Platinum».
«¿Cuál fue el factor que originó el proyecto?»
«Notoria disparidad del diseño de catálogos con la imagen que ofrecen estos Hoteles actualmente. Después de determinada temporada, requerían mostrar una nueva imagen de catálogos que acompañara a la ya conocida imagen de los Hoteles. Evitando la monotonía, con motivo de la actualización que constantemente se mantiene».
«¿Quién elaboró los requerimientos del proyecto?»
«Dimensión. A pesar del continuo trabajo con la empresa, nos dimos a la tarea de acudir a nuestro brief».
«¿Quién sugirió el concepto general?»
«Dimensión. Planeamos hacer un cambio sustancioso y notorio sobre un elemento en constante contacto con sus clientes».

«¿Quién definió el concepto final?»

«Dimensión. Nosotros mostramos las propuestas y ellos se avocaron a elegir la que mejor se adaptó a sus necesidades».

«¿Hubo apoyo externo en la realización del proyecto?»

«No, todo el proyecto de diseño estuvo a cargo de Dimensión».

«¿Cuántas reuniones periódicas se hicieron?»

«Solo dos. Todo contacto se hizo por teléfono y por vía mail».

«¿Cuánto tiempo duró el proceso de diseño?»

«Tres semanas exactamente desde la recepción, hasta la entrega del proyecto».

Evaluación del proyecto

«¿Se consideró el briefing como estrategia en los negocios de diseño?»

«Sí, fue básico. Como en todos los proyectos».

«¿Promover la profesión del diseño fue propicio para mantener una ventaja diferencial?»

«Sí, de no hacerlo no hubiéramos tenido el mismo éxito».

«¿Qué actividad destacaron para obtener una mayor visibilidad, presencia y difusión en la industria del diseño para este proyecto?»

«La recomendación de las empresas que nos conocen y nuestro trabajo; también hacemos búsqueda de clientes por medio de difusión en internet, mercadotecnia directa y medios de comunicación impresa, siempre compitiendo con calidad».

«¿Se enfatizó la filosofía del despacho para la explicación del concepto del proyecto?»

«Sí, en nuestro trabajo nos dimos a conocer con ella».

«¿Los gerentes dieron la debida importancia al brief?»

«No. En este proyecto hizo falta hacerles saber su utilidad».

«¿La empresa consideró al diseño como una ventaja diferencial?»

«Sí. Les interesó porque saben que mostraría algo importante de ellos».

«¿El cliente valoró las ventajas que los servicios profesionales de diseño aportan a su empresa?»

«Sí. Ellos no saben mucho del diseño pero se han dado cuenta de que es una herramienta que los hace estar en la mente de sus consumidores».

«¿Fue exitoso el resultado del proyecto?»
«Sí. El cliente quedó contento». (Moreno, 2008)

No solo has lo que amas y ama lo que haces porque te beneficia, sino también cuando lo necesita

De los artículos de revista

«Si no se trasmite la idea de orden y organización a los clientes, es difícil ganar cuentas importantes. Pero para ser visto y percibido correctamente por los clientes, no basta con ser profesional del diseño, es importante dar la apariencia de serlo. Es indispensable que los clientes dejen de vernos como los que hacemos dibujitos»

Carlos González Nacif

Design Bureau

Ciudad de México, procedencia de la información: Revista a! Diseño. Design Bureau. Entrevista a Carlos González Nacif. Caso de estudio «Ron Antillano».

Información y perfil de la empresa

«¿Cuál es el nombre del despacho?»
«Design Bureau».
«¿Cuál es la filosofía del despacho?»
«Honestidad, profesionalismo y entrega. Mantener día a día un ambiente de trabajo y una calidad de vida que nos permita crecer como personas para ofrecer un buen servicio».
«¿Cuál es su misión?»
«Profesional y personalmente, siempre tener algo que ofrecer».
«¿Cuál es su visión?»
«Ser claros, transparentes. Ofrecer servicios y productos sosteniendo relaciones leales con nuestros clientes y proveedores que nos mantengan plenos en el negocio así como en nuestras relaciones personales».
«¿Cuál es su edad?»
«16 años. Iniciamos en 1991».
«¿Cuál es su número de personal?»
«16 integrantes».

Redacción de los requerimientos del proyecto de diseño

«¿Cuál es el nombre del proyecto de estudio?»
«Ron Antillano».
«¿Cuál fue el objetivo del proyecto?»
«Conservar elementos de la presentación anterior pero con una comunicación actual, manteniendo así solamente la esencia del logotipo anterior».
«¿Cuál fue el método empleado para conseguir el proyecto?»
«Por contacto del cliente».
«¿Cuál es el concepto del proyecto?»
«Rediseño de producto».
«¿Cuál fue el factor que originó el proyecto?»
«La Madrileña decidió dar un giro de 180 grados a la imagen de uno de sus productos líderes».
«¿Quién elaboró los requerimientos del proyecto?»
«Design Bureau».
«¿Quién sugirió el concepto general?»
«Junto con el cliente desarrollamos el perfil y se elaboraron cada una de las ilustraciones que estuvieron a cargo de Rafael Barbabosa. Asimismo, el logotipo fue tratado en diferentes fondos para reforzar la personalidad que la variante necesitaba».
«¿Quién definió el concepto final?»
«La botella fue proporcionada por el cliente, siendo parte de nuestra labor la ubicación de la etiqueta, el desarrollo y diseño del ícono bajo esta, así como vestir el cuello y la tapa de la misma. Ron Blanco, Oro y Añejo manejan diferentes soluciones gráficas. Aunque bajo el mismo paraguas las viñetas reflejan diferentes situaciones de las Antillas.»
«¿Hubo apoyo externo en la realización del proyecto?»
«La solución gráfica, el rediseño total quedó en manos de Design Bureau».
«¿Cuántas reuniones periódicas se hicieron?»
-Dato no precisado-.
«¿Cuánto tiempo duró el proceso de diseño?»
«El cambio de imagen transcurrió y se fueron haciendo las modificaciones hasta llegar a la solución final». -Dato no precisado-.

Evaluación del proyecto

«¿Se consideró el briefing como estrategia en los negocios de diseño?»

«Sí».

«¿Promover la profesión del diseño fue propicio para mantener una ventaja diferencial?»

«Sí. Aunque el despacho nació como una oficina informal, poco a poco ha adquirido un carácter formal. Hoy es una empresa con una estructura corporativa. Esta parte es indispensable para el funcionamiento de una empresa de diseño; si no se trasmite la idea de orden y organización a los clientes, es difícil ganar cuentas importantes».

«¿Qué actividad destacaron para obtener una mayor visibilidad, presencia y difusión en la industria del diseño para este proyecto?»

«La razón social del despacho es Buró de Diseño S.A. de C.V., aunque el nombre comercial permaneció como Design Bureau. Nuestro inicio fue muy peculiar, nuestro primer trabajo fue como despacho free lance para Colgate Palmolive y prácticamente desde ese momento comenzamos a trabajar para marcas grandes. En los puestos de marketing generalmente hay muchos cambios y tuvimos la fortuna de continuar trabajando con las personas que salían de Colgate Palmolive, algunos se integraron a otras grandes compañías como Kimberly Clark de México y Comex y continuaron siendo nuestros clientes, todo esto nos ayudó a crecer y a diversificar los proyectos del despacho».

«¿Se enfatizó la filosofía del despacho para la explicación del concepto del proyecto?»

«Sí. Pero para ser visto y percibido correctamente por los clientes, no basta con ser profesional del diseño, es importante dar la apariencia de serlo. Es indispensable que los clientes dejen de vernos como los que hacemos dibujitos».

«¿Los gerentes dieron la debida importancia al brief?»

«Sí en parte. Aunque también nos encontramos a menudo con clientes que no acostumbran preparar un brief para el diseñador. Finalmente, todo eso habla de la falta de reconocimiento al profesional del diseño».

«¿La empresa consideró al diseño como una ventaja diferencial?»

«No del todo. Todo proyecto de diseño implica muchas más disciplinas de las que creen los clientes. Cuando es posible los traemos al despacho para que conozcan el proceso de diseño y la mayoría de las veces se convencen de los costos de nuestro trabajo».

«¿El cliente valoró las ventajas que los servicios profesionales de diseño aportan a su empresa?»

«Ya lo valoraba y después de ver los resultados, lo hizo aun más. Aunque cada vez son menos, desafortunadamente todavía hay clientes que convocan a concursos no pagados. Desde mi punto de vista no me parece justo que nos hagan trabajar de esa forma; hay quienes no tienen la más remota idea de lo que implica lo que están solicitando y con ellos decidimos no trabajar, no tiene sentido hacerlo».

«¿Fue exitoso el resultado del proyecto?»

«Sí. Está en los anaqueles. Me encanta ir a los supermercados y ver los proyectos de Desgin Bureau en los anaqueles, es una gran satisfacción. El supermercado es la galería de nuestro trabajo y al mismo tiempo me sirve para tomar referentes del diseño actual, del diseño que está funcionando en las tiendas y en la calle». (González, 2004)

"Entregarnos con pasión y dedicación a cada proyecto, sabiendo que es una oportunidad más de trascender en este grandioso patio de juegos que es la creación"

Jorge Reyes Villalobos

Jota Erre Diseñadores

Ciudad de México, procedencia de la información: Revista a! Diseño. El valor estratégico del diseño en los negocios. B· bible 34 por ciento de incremento en ventas. Entrevista a Jorge Reyes Villalobos. Caso de estudio «Yoghurt B· bible Alpura».

Información y perfil de la empresa

«¿Cuál es el nombre del despacho?»
«Jota Erre Diseñadores».
«¿Cuál es la filosofía del despacho?»
«Entregarnos con pasión y dedicación a cada proyecto, sabiendo que es una oportunidad más de trascender en este grandioso patio de juegos que es la creación».
«¿Cuál es su misión?»
«Conformado por un equipo humano y técnico estamos dedicados a resolver las necesidades gráficas que se nos presenten».
«¿Cuál es su visión?»
«Con más de 25 años de experiencia en el campo de productos de consumo, seguir participando en grandes proyectos para importantes firmas».
«¿Cuál es su edad?»
«Ahora tiene 19 años. En 1988 se fundó Jota Erre Diseñadores».

«¿Cuál es su número de personal?»
-Dato no precisado-.

Redacción de los requerimientos del proyecto de diseño

«¿Cuál es el nombre del proyecto de estudio?»
«Yoghurt B·bible Alpura».
«¿Cuál fue el objetivo del proyecto?»
«Alpura, marca líder en el campo de productos lácteos siempre a la vanguardia, decidió cambiar el envase para el producto: yoghurt para beber Alpura».
«¿Cuál fue el método empleado para conseguir el proyecto?»
«Por contacto de la marca Alpura».
«¿Cuál es el concepto del proyecto?»
«Diseño de envase e identidad de producto. Desde el origen del proyecto esta nueva botella tendría un diseño mucho más dinámico, ergonómico y actual, para competir con las demás marcas de este segmento».
«¿Cuál fue el factor que originó el proyecto?»
«Cambiaría el formato de etiquetado, de una etiqueta envolvente de papel a una termoencogible. El producto necesitaría de gráficos dinámicos y de una identidad propia».
«¿Quién elaboró los requerimientos del proyecto?»
«Jota Erre Diseñadores fue el encargado de colaborar en este proyecto, y además del diseño, sugirió el descriptivo genérico "bebible" para generar la identidad de "B· bible" y así posicionar con efectividad el producto en la mente del consumidor».
«¿Quién sugirió el concepto general?»
«Después de definir el nombre, se desarrolló el logotipo para la marca B·bible, un logo que pudiera ser identificado con un target muy amplio ya que el producto se dirige prácticamente a consumidores de todas las edades».
«¿Quién definió el concepto final?»
«Otro punto a desarrollar fue un código de color por sabor ya que así el producto se separaba de otras marcas de su categoría, en el anaquel el consumidor podría distinguir la marca por la gama de colores y sabores. Las ilustraciones de las etiquetas fueron realizadas, para denotar mayor

"taste appeal" en relación con la fruta al frente de la etiqueta, mayor movimiento y peso en los elementos frontales da la sensación de frescura en la imagen».

«¿Hubo apoyo externo en la realización del proyecto?»
«No».
«¿Cuántas reuniones periódicas se hicieron?»
-Dato no precisado-.
«¿Cuánto tiempo duró el proceso de diseño?»
-Dato no precisado-.

Evaluación del proyecto

«¿Se consideró el briefing como estrategia en los negocios de diseño?»
« Sí, para traducir la creatividad y desarrollar desde el nombre de la marca hasta el diseño de la etiqueta».
«¿Promover la profesión del diseño fue propicio para mantener una ventaja diferencial?»
«Sí. Con mi experiencia como director de diseño en Design Associates, Walter Landor México y San Francisco, entre otros despachos».
«¿Qué actividad destacaron para obtener una mayor visibilidad, presencia y difusión en la industria del diseño para este proyecto?»
«Fue el primer proyecto. La creación de la imagen que habría de dar vida a nuestro éxito profesional: la ardilla Barcel».
«¿Se enfatizó la filosofía del despacho para la explicación del concepto del proyecto?»
«Sí, nos entregamos con pasión al proyecto desde el principio hasta el final».
«¿Los gerentes dieron la debida importancia al brief?»
«Sí, se les mostró como se hace y después lo aceptaron con flexibilidad».
«¿La empresa consideró al diseño como una ventaja diferencial?»
«Sí. Principalmente marcas como: Kleenex, Saba, Sangría Señorial y todas lo han distinguido desde la creación del Maguito de Sonrics».

«¿El cliente valoró las ventajas que los servicios profesionales de diseño aportan a su empresa?»

«Lo sabía de antemano, y estaban conscientes de que la tarea sería un proceso largo pero exitoso».

«¿Fue exitoso el resultado del proyecto?»

«La implementación del diseño se tradujo, en términos reales, en un incremento en las ventas de Alpura Yoghurt Bebible de un 34% de 2005 a 2006». (Villalobos, 2007)

«Fue necesario comunicar que somos expertos en consultoría especializada en diseño, de no atrevernos no se hubiera mejorado el diseño y los empresarios hubieran imaginado que todo lo tenían solucionado. La percepción cambió cuando vieron los resultados»

Rafael Treviño

TD2

Ciudad de México, procedencia de la información: Revista a! Diseño. Premio a! Diseño-Canon 2005. Entrevista a Rafael Treviño. Caso de estudio «Imagen The Branding Show».

Información y perfil de la empresa

«¿Cuál es el nombre del despacho?»
«TD2».
«¿Cuál es la filosofía del despacho?»
«Promover la eficacia del diseño en todo proyecto con estrategias de comunicación y fomentando la lealtad al despacho, al cliente y al consumidor».
«¿Cuál es su misión?»
«Realizar proyectos con la certeza de mejorar el nivel del diseño y la comunicación visual en los negocios agregando a este, valor».
«¿Cuál es su visión?»
«Estar posicionado en los mejores niveles del gremio del diseño gracias a la entrega de nuestro equipo de trabajo».
«¿Cuál es su edad?»
«21 años. Iniciamos en 1986».
«¿Cuál es su número de personal?»
«12 integrantes».

Redacción de los requerimientos del proyecto de diseño

«¿Cuál es el nombre del proyecto de estudio?»
«Imagen The Branding Show».
«¿Cuál fue el objetivo del proyecto?»
«Este evento ha sido desarrollado con la finalidad de transmitir los conocimientos, logros y experiencias de empresas que han utilizado el branding como una herramienta para generar crecimiento y consolidación en las compañías, mediante estrategias y tácticas orientadas a la marca, haciéndola más fuerte y generando así un valor funcional, emocional y financiero, que promueva la lealtad del consumidor».
«¿Cuál fue el método empleado para conseguir el proyecto?»
«Fue un evento en el cuál TD2 participaría como expositor, siendo iniciativa nuestra el poder diseñar la imagen global del evento».
«¿Cuál es el concepto del proyecto?»
«Rediseño y comunicación global de imagen».
«¿Cuál fue el factor que originó el proyecto?»
«En el pasado la imagen no había sido tan eficaz en su comunicación y parecía un evento entre tantos, como una imagen hecha en Power Point».
«¿Quién elaboró los requerimientos del proyecto?»
«TD2. El nombre ya estaba resuelto: Branding Show. El siguiente paso fue diseñar una frase que englobara el concepto del evento».
«¿Quién sugirió el concepto general?»
«TD2. Después de varias propuestas, quedó: "El arte de cultivar relaciones significativas entre su marca y el consumidor"».
«¿Quién definió el concepto final?»
«TD2. Una vez aceptada la frase empezamos a bocetar y a tratar de representar al consumidor desde su forma más primitiva y hasta la más compleja, y llegamos a la conclusión de que la forma más efectiva era a través de una persona tipo señalización, tratando de enfocarnos en el origen de las marcas o "brands" en donde de manera eficaz, los ganaderos marcaban al ganado con iniciales o formas muy sencillas. Nosotros enmarcamos la R en un corazón, evocando aún más el sentido de la frase».

«¿Hubo apoyo externo en la realización del proyecto?»

«No. El cliente tenía mucho conocimiento y experiencia en eventos de mercadotecnia, pues ellos editan la revista Merca2.0, pero no tenían al "expertise" de una consultoría especializada en brandiing, siendo que el evento lo ameritaba».

«¿Cuántas reuniones periódicas se hicieron?»

-Dato no precisado-.

«¿Cuánto tiempo duró el proceso de diseño?»

-Dato no precisado-.

Evaluación del proyecto

«¿Se consideró el briefing como estrategia en los negocios de diseño?»

«Sí en general, para la concepción del proyecto».

«¿Promover la profesión del diseño fue propicio para mantener una ventaja diferencial?»

«Fue necesario comunicar que somos expertos en consultoría especializada en diseño, de no atrevernos no se hubiera mejorado el diseño y los empresarios hubieran imaginado que todo lo tenían solucionado. La percepción cambió cuando vieron los resultados».

«¿Qué actividad destacaron para obtener una mayor visibilidad, presencia y difusión en la industria del diseño para este proyecto?»

«Hicimos todo lo necesario; buscamos la oportunidad del negocio, lo fundamentamos y lo aceptaron bien nuestros clientes».

«¿Se enfatizó la filosofía del despacho para la explicación del concepto del proyecto?»

«Resaltamos los motivos por los cuales el diseño era necesario y en qué se reflejaría, así como nuestra forma de trabajo».

«¿Los gerentes dieron la debida importancia al brief?»

«Sí, fueron muy abiertos y siendo pioneros en ese tipo de concepto, se tuvo amplia libertad para el desarrollo gráfico, conservando los atributos de la marca principal».

«¿La empresa consideró al diseño como una ventaja diferencial?»

«Sí, más cuando vio los resultados».

«¿El cliente valoró las ventajas que los servicios profesionales de diseño aportan a su empresa?»

«La identidad diseñada, les transmitió el enfoque del evento y se sintieron confiados de invertir en él su dinero, comentó el cliente».

«¿Fue exitoso el resultado del proyecto?»

«Algunos participantes mencionaron que percibieron al evento, "más profesional y enfocado que nunca"». (Treviño, 2006)

Con sólo administración ves un vaso medio vacío, añade mercadotecnia y ves un vaso medio lleno, y cuando vas por más agua, decidiste agregar diseño. Al ver que derrama el vaso, es que surte su efecto

Conclusiones

Sobre el proceso de administración de proyectos de diseño

Para que una compañía tenga un desenvolvimiento eficiente en la realización de un proyecto debe destacar distintos aspectos del uso del proceso de administración de proyectos de diseño:

Primero, sobre cómo proyectan su administración

1. Respecto a la información y perfil de la empresa:

Que da pie a la búsqueda del proyecto apropiado según sus límites de negocios. Nos muestra cómo una empresa debe estar enfocada en una o varias áreas de desempeño del diseño y cómo determinar la amplitud de negocios que va a desempeñar respecto a sus objetivos.

Es importante subrayar que cada compañía se debe especializar en el área de desempeño del diseño que le sea más pertinente según su misión, y que cada proyecto va a exigir diferentes formulaciones dependiendo de sus cualidades por desarrollar, por lo que cada empresa es responsable de determinar su nivel de habilidades, que desempeñará según los requerimientos de cada proyecto, a modo de lograr un parámetro sobresaliente que muestre en ambos, proyecto y compañía,

sus cualidades. En general, es posible seleccionar los proyectos en tres rubros específicos:
a) Los proyectos dirigidos a una sola área de desempeño.
b) Los proyectos que despliegan varias áreas del diseño.
c) Los proyectos apoyados en el desarrollo de comunicación global.

Ese motivo hace que las compañías enfoquen sus estrategias de diseño en crear un proyecto de un solo producto con cualidades específicas, o que apliquen las condiciones consistentes de un proyecto de diseño específico en varios productos, o más bien que desarrollen un proyecto con una estrategia general de comunicación dirigida a todo el contexto de productos y servicios determinados.

Como sea, la extensión de esas estrategias de diseño en cada compañía, siempre debe buscar el más alto parámetro de calidad, en el que su alcance en el mercado:
a) No debe ser visto como limitado a un tipo de proyectos, sino más bien como dominante en esa especialidad.
b) Tampoco como escaso de participación en el mercado, sino como proyecto que carga de valores a un mercado.
c) Ni como un efecto integrado a un proceso, sino como una sólida e integrada estrategia de negocios.

En donde se refleja la importancia de la implantación de la estrategia de la compañía, pues sus fórmulas se basan en tener óptimos resultados: de comercialización, en el consumidor y para internacionalizarse.

El estudio sugiere que las compañías de diseño proyectan su administración (sus objetivos, que determina el perfil de la compañía, refleja su fuerza estructural y muestra su proyección al mercado) en dos directrices que dirigen al mismo fin, con tres puntos cada una:

Primera: En su propio desarrollo (que cambian a plazos duraderos) pues proyectan su administración punteando con su estrategia de diseño durante un largo periodo con la cual se hacen reconocer por sus clientes:
1. Para conseguir cada proyecto adecuado de acuerdo a su perfil.
2. Al poner a prueba su fuerza estructural en el diseño de su propio proyecto dirigido a sus clientes objetivos, reflejando su propia traducción de requerimientos.
3. Cuando miden la proyección al mercado de sus propios resultados al conseguir cuentas importantes y mejorar su desempeño.

Segunda: En el desarrollo de la compañía que requiere sus servicios (que cambia con cada nuevo proyecto) pues adaptan su estrategia de diseño durante cada proyecto para hacer que reconozcan a sus clientes:

1. Para dirigir el proyecto según los objetivos de la compañía, reflejando en ellos sus propias estrategias controlando avances y cumpliendo el proceso.

2. Para la realización del proyecto de diseño según el estudio de mercado de la compañía, poniendo su sello característico para mover al mercado.

3. Y finalmente para el análisis de los resultados del proyecto de la compañía en el mercado, con el fin de asegurar la realización de un nuevo proyecto con ellos.

(Donde se destaca el planteamiento de su administración y se refleja su mercadotecnia y diseño).

Segundo, sobre a cómo hacen uso del brief

2. Respecto a la redacción de los requerimientos del proyecto (el brief):

Que resume la información detallada que ha sido extraída del estudio de mercado y contiene los requisitos específicos que el proyecto requiere. Debe estimular el acercamiento entre los encargados de la realización del proyecto y el cliente, por ejemplo un corporativo, en un trato B2B (Business to Business); asimismo entre los encargados de la realización del proyecto y el consumidor final cuando se lo dirige directamente en un trato B2C (Business to Consumer). Su adecuada traducción hará que sean mejor desarrollados los lineamientos que el producto requiere, el brief necesita redacción precisa y atención constante por profesionales en mercadotecnia y diseño para construir bien y determinar una buena posición de la marca y el producto en el mercado.

Hay que hacer notar que la atención que las compañías le deben dedicar al llenado de brief es minuciosa, con los integrantes de su equipo, todos los involucrados y en todas las reuniones planeadas; el seguimiento que los diseñadores deben dar al brief a lo largo del proyecto es lo que invita a que apoyen en su realización, por un lado, en un B2B a los gerentes para lograr un correcto proceso involucrándolos al hacerlos participar; y por el otro, en un B2C al involucrar en la mayor medida posible las responsabilidades de cada integrante del equipo. Dar seriedad e importancia a los conceptos de cada proyecto, como fundamentos del diseño y como estrategias de negocios, hace mantener una estructura formal basada en la presencia del diseño. En ese sentido, es que se cuidan dinámicamente dos aspectos, uno es la adecuada integración de requerimientos y otro, las mejoras al desempeño de negocios de la compañía:

a) Con el brief del cliente.
b) Con el brief de la compañía.
c) Con ambos brief, del cliente y de la compañía.

Con lo que se destaca que cada empresa debe utilizar su brief para cada proyecto. Ello advierte de inmediato que en el diseño está recargada la estrategia y que de seguirla de manera apropiada se conformará congruentemente, pues aunque se haya trabajado anteriormente con el mismo cliente o hacia el mismo segmento, se debe señalar todo aspecto y lineamiento específicos del nuevo estudio para definir bien una estrategia.

Como resultado de la convivencia entre compañía y cliente, o compañía y consumidor, se debe generar un vínculo, el de cuidar el mayor objetivo en común, que es el éxito del proyecto, mediante el cumplimiento de objetivos que deben derivar en:

a) Hacer hincapié en que el conocimiento del correcto uso de las formas y los mensajes visuales emocionan a través del diseño.
b) Dejar firmemente entendido que el diseño es una estrategia valiosa en los negocios que en gran medida determina la compra de un producto o servicio.
c) Conseguir la decisión de compra del consumidor.

En el cual aflora la importancia de los resultados del estudio de mercado y conduce al proyecto hacia su evaluación donde tienen lugar los efectos de su realización en el consumidor.

Además de que utilizan el brief como una fiel herramienta de este proceso que asegura los datos provenientes del estudio de mercado, y que es imprescindible para cada proyecto de diseño con el que es posible transmitir las características idóneas que requiere el producto; el estudio señala que una de las principales causas del éxito de un proyecto es el interés y compromiso que los gerentes muestran hacia el diseño, especialmente cuando colaboran en la redacción del brief, ya que una

mayor comprensión de la traducción que requiere el proyecto por parte de los gerentes, aumenta en ellos:
1. La valoración de este vital instrumento.
2. La seriedad que requiere su traducción profesional.
3. La importancia de las preferencias del público objetivo.

Convirtiendo al brief en un indispensable indicador del producto tomado desde el punto de vista del consumidor final.

Conocimientos que se difunden entre el ambiente gerencial de las diversas compañías que solicitan estos servicios cuando sus gerentes pasan de una compañía a otra, dejan enseñanzas a sus subordinados e intercambian y comparten entre sus profesionales apreciaciones y retroalimentación de los proyectos que han dirigido.

Si bien una gran parte de los gerentes dan la debida importancia al brief y comprenden que es imprescindible su función en la realización de cualquier proyecto de diseño, los resultados sugieren la necesidad de aumentar el conocimiento del uso del brief entre los gerentes, incluso para aquellas empresas que lo han empleado eficazmente y que consideraron que éste contribuyó positivamente en el éxito de su proyecto. Toda vez que el brief es una herramienta de constante cambio respecto a la forma en que traduce información diferente para cada nuevo proyecto.

(Donde se destaca la propuesta de su diseño y se refleja su administración y mercadotecnia).

Tercero, sobre cómo determinan si el proyecto fue exitoso

3. Respecto a la evaluación del proyecto de diseño:

Que destaca el resultado de la realización de un proyecto y si fue exitoso a la puesta en el mercado. Este punto nos muestra que para estar completamente estructurado un proyecto debe ser medido, específicamente a partir de la preferencia del consumidor, para así determinar si su construcción global ha surtido el efecto apropiado. Efecto que se manifiesta de la administración, mercadotecnia y diseño en acción que está presente en los importantes momentos de la verdad, que de acuerdo a (Lecinski, 2011) necesitan del estímulo, o exposición del resultado de trabajo que proyecta al producto diseñado y promete atributos al prospecto; y son: El momento cero: cuando el prospecto reconoce una necesidad y se informa en redes sociales sobre una compra potencial. Primer momento: cuando se enfrenta con el producto en anaquel y puede decidir la compra. Y segundo momento: cuando consume el producto y experimenta las promesas pre compra. Junto al que según (Cohen, 2013) es el tercer momento: cuando post- uso del producto el cliente se convierte en un verdadero fan. Aquí es donde el efecto mencionado, que bien puede llamársele Efecto Sunrise como resultado del trabajo conjunto de las tres principales disciplinas en los negocios, aparece en escena, con la intención de acompañar a un prospecto, subir en su mente, lograr su decisión de compra y convertirlo en consumidor.

En general las compañías estudiadas afirman que el proyecto fue realizado con éxito por varias razones, por un lado porque ellos y el cliente quedan contentos y están conformes con el resultado de diseño; también, resaltan la diferencia entre el diseño anterior y el resultado final del nuevo diseño; y por otro lado, están los despachos que revelan el aumento en los porcentajes de las ventas en el producto. Tres diferentes niveles de evaluación, que atinadamente la mayor es el índice en que está satisfecho el consumidor. El hecho es que deben ser productos:

a) De alto consumo que tengan presencia en el mercado.
b) Que sirvan como punto de referencia para su competencia.
c) Que representen la imagen que identifica el estilo de vida de un consumidor, enmarquen situaciones importantes en la forma de vida de la sociedad y emitan formulaciones visuales que despierten las constantes emociones del consumidor en un determinado momento y lugar.

Es importante destacar que tanto el factor que origina el proyecto sea para subir las ventas, reposicionar la marca o lanzar un producto; como el método empleado para conseguir el proyecto sea en la búsqueda del proyecto, recomendación para un proyecto o por alguna lealtad específica; son un punto clave de diferenciación, que están apoyados en cómo se proyecten las estrategias de innovación conforme a la OCDE (2005) las organizativas, de mercado, de producto y de proceso. Estas se reflejan en la postura de la compañía hacia el mercado, la trayectoria y el portafolio, y se manifiestan en la misión de una compañía para concretar un proyecto.

Así es que cuando las compañías sostengan que fue exitoso el resultado del proyecto, debe ser porque:

a) Es aprobado por el cliente después de haber compartido el seguimiento al proceso de diseño mediante el uso del brief.

b) Los parámetros del cliente, quien esperando una mejora considerable en la nueva imagen de su producto, sean no solo alcanzados sino rebasados.

c) El proyecto es realizado bajo estrictos procesos de negocios sustentados en tres principales disciplinas que al final marcan la diferencia en la preferencia del consumidor.

Desde donde sobresale la importancia del manejo del brief, que conduce a la marca y al producto a participar en el efecto que provoca en el consumidor para que los considere al momento determinante de la compra.

Ese trabajo de convencimiento entre compañía-cliente (B2B) y la elaboración de un proyecto para llevarlo al consumidor, es el mismo que se traslada después entre cliente-consumidor al acercar el producto al mercado. El mismo en el plano directo entre compañía-consumidor (B2C) al cubrir las exigencias que el proyecto requiere y las que exige el consumidor. Convencimiento que se transmite entre diseño-consumidor, donde el diseño en gran medida colabora para lograr el efecto adecuado, resultado de la administración, la mercadotecnia y el diseño trabajando al unísono al momento de la compra.

Los resultados revelan que para lograr la eficacia en la realización de un proyecto de diseño es imprescindible hacer un correcto uso del proceso de administración de proyectos de diseño; para plantarse en el sector se proyecta la misión, visión y filosofía; para comprender y traducir la información que proviene del estudio o investigación de mercado se requiere basarse en los lineamientos del brief; para lograr la preferencia del consumidor todo indica que el desarrollo de una innovadora propuesta en el diseño, que aporte beneficios emocionales a través de atributos funcionales y características estéticas, es lo que en gran medida, una vez puesto el producto en el mercado, determina la compra.

(Donde se destaca el enfoque de su mercadotecnia y se refleja su administración y diseño).

Sobre las tres principales disciplinas comerciales para el éxito de los negocios

Por lo que al destacar que ésta estructura de tres secciones del proceso de administración de proyectos de diseño propuesta por Bruce et al. (1999), muestra una adecuada construcción, uno, para definir la fuerza estratégica de una compañía, dos, para proyectar el trabajo que competirá en el mercado y tres, para reaccionar con innovaciones a las exigencias del consumidor. Es evidente que éste proceso está sustentado en tres principales disciplinas comerciales que al mismo tiempo son proyectadas en su completo desarrollo con el fin de asegurar el éxito del proyecto general de negocios.

Estas tres principales disciplinas, esto es, a la administración, la mercadotecnia y el diseño, que como se ha observado destacan para provocar y lograr el éxito en los negocios al estar directamente articuladas al desarrollo de estas tres partes del proceso mencionado, se pueden englobar como aquellas que conforman el proceso general de negocios de una empresa.

Puesto que son las que en conjunto desarrollan las tareas que realiza una empresa para logar el éxito en los negocios pues ofrecen, cómo dirigir correctamente una compañía para que tenga la fuerte estructura que se necesita para permanecer en los negocios, cómo desarrollar las habilidades de comercialización para ser aceptado en mayor medida por el mercado objetivo y cómo lograr todas las cualidades de comunicación con el efecto esperado que elige el consumidor. Y son las actividades que toda empresa debe y tiene que hacer para triunfar en los negocios.

El estudio permite subrayar que, en general, la administración, la mercadotecnia y el diseño, pueden ser consideradas las tres principales disciplinas en el proceso de administración de proyectos de diseño y en el proceso completo de administración de negocios, para llevar al éxito a una empresa. Ya que estas disciplinas actúan siempre juntas en el desarrollo de negocios al servir de principales puntos de apoyo para desempeñar las actividades de negocio: en la empresa, en el mercado y en el producto, para finalmente ser bien acogidas por el consumidor.

a) Cuando en el desarrollo de la información y perfil de la empresa (parte del plan de negocios), se fundamentan en la administración para su proyección como compañía.

b) Cuando en el desarrollo de la redacción de los requerimientos del proyecto (el briefing), se apoyan en el diseño, para dar la relevancia visual a un producto.

c) Cuando en el desarrollo de la evaluación del proyecto de diseño, se basan en la mercadotecnia para definir el impacto que diseminan en el mercado (como reflejo del estudio de mercado).

Bajo un eje de acción en armonía. Como los resultados descritos de su comportamiento lo indican.

Esto es, que pueden ser consideradas como pilares que sustentan a una compañía en cualquier actividad de negocios. Lo que manifiesta, su ineludible importancia en el ámbito comercial, que hacen posible el dinamismo que conserva viva la movilidad entre empresa, mercado, y producto, para tener efecto en el consumidor, y que mantienen en la punta a una empresa cuando son aplicadas adecuadamente.

Proceso que las compañías de diseño ejecutan constantemente para proyectar sus objetivos estratégicos, para extender sus alcances de mercado y para gestionar sus estrategias en cada proyecto conseguido.

Los resultados de este estudio indican que el uso eficaz del proceso de administración de proyectos de diseño confluye en una mejor apreciación del diseño como estrategia de diferenciación en el mercado y que el correcto uso del brief resulta en un producto bien conformado que puede surtir un mejor efecto en la mente del consumidor final reflejado en su preferencia y en el aumento en las ventas.

Por lo tanto, es posible considerar que conocer los métodos de administración de las compañías de diseño y saber cómo se aplica el diseño para los grandes corporativos en este tipo de empresas, aumentan el conocimiento en los diseñadores y principalmente en los gerentes de las grandes empresas, sobre la manera en que se debe administrar y hacer uso del diseño.

Encontrando el punto clave con el cual las pequeñas empresas podrían aumentar el conocimiento de diseño, tal como lo afirma el estudio realizado por Bruce et al. (1999) donde se revela que las pequeñas empresas necesitan aumentar el conocimiento de diseño.

Asimismo, y con lo cual se podrían mejorar los métodos de

administración del diseño para aumentar el impacto comercial que puede generar la inversión en diseño, como señala el estudio de Iduarte & Zarza (2004) en el que se indica que deben mejorar los métodos de administración del diseño en las MiPyMEs.

No solo con el manejo del proceso de administración de proyectos de diseño, y con el correcto uso del briefing, sino también con el panorama del trabajo conjunto de la administración, la mercadotecnia y el diseño, como el proceso general de negocios.

Bibliografía

1. Betanzos, R. (18 de Junio de 2008). Caso de estudio "Catálogo de productos para Philips Consumer Electronics" Figura 7 Despacho Creativo. *La Administración del Diseño en Compañías de Diseño de Ciudad de México*. (A. Flores, Entrevistador) Ciudad de México, México. Obtenido de http://www.figura7.com

2. Bruce, M., Cooper, R., & Vazquez, D. (1999). *Effective design management for small businesses* (Vol. 20). Manchester, United Kingdom: Design Studies.

3. Charles Creel, M. (29 de Mayo de 2008). Caso de estudio "Periódico interno Fuerte y Claro de Mexicana de Aviación" Soluciones de Comunicación. *La Administración del Diseño en Compañías de Diseño de Ciudad de México*. (A. Flores, Entrevistador) Ciudad de México, México. Obtenido de http://www.sol-com.com

4. Cohen, H. (27 de Junio de 2013). *Marketing: The 4 Moments of Truth [Chart]*. (L. Aronson, Editor, WebFaction, Productor, & Aweber) Recuperado el 01 de Diciembre de 2014, de Marketing's 4 moments of truth defined: http://heidicohen.com/marketing-the-4-moments-of-truth-chart/#sthash.qaOHhTYb.dpuf

5. Espinosa, R. (13 de Junio de 2008). Caso de estudio "Portafolio Enrique Covarrubias" 3indesign. *La Administración del Diseño en Compañías de Diseño de Ciudad de México*. (A. Flores, Entrevistador) Ciudad de México, México. Obtenido de http://www.3indesign.com

6. González, C. (14 de Febrero de 2004). Design Bureau. Entrevista a Carlos González Nacif. (A. Pérez Iragorri, Ed.) *a! Diseño*(67), 41-47. Recuperado el 16 de septiembre de 2008, de http://www.a.com.mx

7. Iduarte, J., & Zarza, M. (2004). *La administración del diseño en micro pequeñas y medianas empresas mexicanas*. Universidad Autónoma del Estado de México, Facultad de Arquitectura y Diseño. Toluca: UAEM. Recuperado el 10 de Julio de 2006, de http://www.dis.uia.mx/conference/2005/HTMs-PDFs/AdmondelDisenoenEmpresas.pdf

8. Lecinski, J. (2011). *ZMOT Ebook: Ganando el Momento Cero de la Verdad*. Illinois, Chicago, USA: Google Inc.

9.	Moreno, M. (28 de mayo de 2008). Caso de estudio "Catálogo socios platinum Hoteles Fiesta Rewards" Dimensión. *La Administración del Diseño en Compañías de Diseño de Ciudad de México*. (A. Flores, Entrevistador) Ciudad de México, México. Obtenido de http://www.dimension.com.mx

10.	Muñoz, P. (13 de Septiembre de 2008). Caso de estudio "Informe anual de responsabilidad social. Industria Mexicana de Coca Cola". *La Administración del Diseño en Compañías de Diseño de Ciudad de México*. (A. Flores, Entrevistador) Ciudad de México, México. Obtenido de http://www.xdesign.com.mx

11.	Peralta, R. (11 de Septiembre de 2008). Caso de estudio "Campaña fusión LexisNexis y Dofiscal" Carbono Consultores. *La Administración del Diseño en Compañías de Diseño de Ciudad de México*. (A. Flores, Entrevistador) Ciudad de México, México. Obtenido de http://www.carbono.com.mx

12.	Pulido, J. (22 de Junio de 2008). Caso de estudio "Servilletas Pétalo Fiestas Patrias" Diseño y Publicidad Mexicana. *La Administración del Diseño en Compañías de Diseño de Ciudad de México*. (A. Flores, Entrevistador) Ciudad de México, México. Obtenido de http://www.dypm.com.mx

13.	Saavedra, E. (11 de Mayo de 2008). Caso de estudio "Vodka Karat" Sol Consultores. *La Administración del Diseño en Compañías de Diseño de Ciudad de México*. (A. Flores, Entrevistador) Ciudad de México, México. Obtenido de http://www.solconsultores.com.mx

14.	Santiago, E. (21 de Mayo de 2008). Caso de estudio "Catálogo Jafra Oportunidades" Ysunza Santiago Comunicación Visual. *La Administración del Diseño en Compañías de Diseño de Ciudad de México*. (A. Flores, Entrevistador) Ciudad de México, México. Obtenido de http://www.ysunzasantiago.com

15.	Treviño, R. (21 de marzo de 2006). Premio a! Diseño-Canon 2005. (A. P. Iragorri, Ed.) *a! Diseño*(77), 26-67. Recuperado el 24 de marzo de 2008, de http://www.a.com.mx

16.	Villalobos, J. R. (20 de septiembre de 2007). El valor estratégico del diseño en los negocios. B-bible 34 por ciento de incremento en ventas. (A. P. Iragorri, Ed.) *a! Diseño*(86), 52-53. Recuperado el 08 de septiembre de 2008, de http://www.a.com.mx

www.ingramcontent.com/pod-product-compliance
Lightning Source LLC
Chambersburg PA
CBHW070330190526
45169CB00005B/1831